edition sul

Die Schweiz, genauer: das Verhalten ihrer staatlichen Institutionen während des Zweiten Weltkriegs, ist in die Schlagzeilen der Weltpresse geraten. Auf diese negativen Kommentare haben die politisch Verantwortlichen in einer Weise reagiert, die einiges vom Selbstverständnis dieser Nation enthüllt. So hat 1996 der amtierende Schweizer Bundespräsident Delamuraz die Forderung nach Entschädigung für während der nationalsozialistischen Herrschaft in die Schweiz gelangtes Vermögen jüdischer Bürger zunächst mit der Feststellung abgelehnt, Auschwitz liege nicht in der Schweiz. Aus diesem gegebenen Anlaß versammelt der Schweizer Adolf Muschg, Schriftsteller und genauer Beobachter der Verhältnisse in seinem Heimatland, seine Interventionen zum Selbstverständnis und Selbstmißverständnis seiner Mitbürger: er diskutiert pointiert deren Umgang mit der eigenen Vergangenheit, ihr Verhältnis zu Europa. Kurz: er fragt, wie die Schweiz sich zu verändern hätte, wenn sie einsehen könnte, daß ihre Distanz zu Auschwitz nicht so groß ist, wie sie meint.

In der edition suhrkamp sind von Adolf Muschg erschienen: *Literatur als Therapie? Ein Exkurs über das Heilsame und das Unheilbare* (es 1065) 1981; *Herr, was fehlt Euch? Zusprüche und Nachreden aus dem Sprechzimmer des heiligen Grals* (es 1900) 1994. Sein Werk im Suhrkamp Verlag ist auf Seite 63 dieses Bandes verzeichnet.

Adolf Muschg
Wenn Auschwitz in der Schweiz liegt

*Fünf Reden eines
Schweizers an seine und
keine Nation*

Suhrkamp

edition suhrkamp 2045
Erste Auflage 1997
© Suhrkamp Verlag Frankfurt am Main 1997
Erstausgabe
Alle Rechte vorbehalten, insbesondere das
der Übersetzung, des öffentlichen Vortrags
sowie der Übertragung durch Rundfunk und Fernsehen,
auch einzelner Teile.
Satz: Hümmer GmbH, Waldbüttelbrunn
Druck: Nomos Verlagsgesellschaft, Baden-Baden
Umschlag gestaltet nach einem Konzept
von Willy Fleckhaus: Rolf Staudt
Printed in Germany

3 4 5 6 – 02 01 00 99 98 97

Inhalt

1.
Wenn Auschwitz in der Schweiz liegt (1997)
7

2.
»Echo der Zeit«, Radio DRS, 13. Februar 1997
25

3.
Von der Nationalität zur Bestialität (1995)
29

4.
Von der »intimen Tragik« der Schweiz (1994)
41

5.
Im Namen einer Mitbürgerin (1993)
49

Nachweise
61

Für Yehuda Elkana

I

Wenn Auschwitz in der Schweiz liegt

Auschwitz liegt nicht in der Schweiz, hat Herr Delamuraz gesagt, da war er gerade noch Schweizer Bundespräsident und verwahrte sich gegen die Zumutung (von einer jüdischen Weltverschwörung sprach er nicht), für die Opfer von Auschwitz mitzuhaften, und womöglich in der Höhe von 250 Mio. Schweizer Franken. Die Zahl wurde wieder bestritten; niemand wollte sie genannt haben, sie beruhe auf einem Mißverständnis. Ich habe immerhin seinen unbestrittenen Satz, Auschwitz liege nicht in der Schweiz, am computerisierten Globus meiner Stiefkinder nachgeprüft, der auch Distanzen messen kann. Danach liegt Auschwitz von Bern 897 Kilometer entfernt und in Polen. Zum Weitersuchen bei AUSCHWITZ aufgefordert, meldet der Globus: STADT. MEZ + 00:00. LAGE: 50° 0′ N, 19° 15′ O. Sehenswürdigkeiten: Keine. In BERN kennt er immerhin eine ALTSTADT und einen HEILIGGEIST DOM.

Ich habe das Gedächtnis des diskreten Globus noch etwas weiter getestet. Wieviel muß ich AUSCHWITZ zurückbuchstabieren, bis er mir keine andere Wahl mehr läßt? Anders herum: wie viele Lettern braucht er bis zur Eindeutigkeit? Orte, die mit A anfangen, gibt es wie Sand am Meer. Auch bei AU läßt er mich eine halbe Stunde SUCHEN, bis das Stichwort kommt. Bei AUS steht es – nach merkwürdigem Zögern – bereits zuvorderst, und die übrige Besiedlung wird dünn: AUSSIG, AUST ADGE, AUSTERLITZ, AUSTIN, AUSTINTOWN, AUSTRALIEN, AUSTRAL INSELN, AUSTRIA – und schon sind wir wieder beim Ausgangspunkt. Ist auch das C mitgefragt, bleibt AUSCHWITZ allein auf weiter Flur und wird – gesucht, gefunden – mit einem meckernden Dreiklang angezeigt: POLEN. STADT. Zeit, Ort, keine Sehenswürdigkeiten. Auch keine Angabe zur Einwohnerzahl. (Vorübergehend war AUSCHWITZ volkreicher als AUSTIN – STADT, 466 000 Einwohner, DISTANZ 9016 KM.)

Wenn Auschwitz, wie Herr Delamuraz also ganz richtig sagt, nicht in der Schweiz liegt: woher die eigentümliche Stille, die gerade diesem seinem Satz geantwortet hat? Sie war mit dem Echo auf ein Wort wie »Erpressung« nicht zu vergleichen, dessen weltweiter Hall vermutlich niemanden mehr erschreckt hat als den Sprecher. So laut hatte er das nicht denken wollen. Es tat ihm wirklich leid! Dem verlangten Sätzchen war noch immer die Entrüstung anzumerken, mit der er es ein paar trotzige Tage lang verweigert hatte. Was fiel seinen Mitbürgern, die ihn doch kennen mußten, was fiel der ganzen Welt, die *er* gut genug kannte, eigentlich ein, ihm solche Streiche zu spielen! Ob ihm das leid tat? Aber *wirklich*! In Japan gibt es viele Arten, eine Entschuldigung so zu drehen, daß sie erst recht zum Vorwurf wird. Wenn du dich nicht genierst, mich *so* zu verstehen, dann bitte: da hast du deine Entschuldigung, friß sie!

Daraus wurde der bekannte internationale Auflauf, und danach war die unbekannte Schweiz nicht mehr mit Schweden zu verwechseln, aber auch nicht mehr dieselbe. Dafür war sie *on the map*. Dem Auschwitz-Sätzlein aber antwortete fast nur durchdringende Stille. Auschwitz ist kein Ort, aus dem man noch Argumente und Gegenargumente bezieht. Der Globus sagt es: + 00:00, auch wenn er damit nur die Abweichung von der mitteleuropäischen Zeit meinen sollte. Der gemeinte Ort ist nicht mehr oder weniger weit von Bern, Lausanne oder den AUSTRAL INSELN entfernt. Er geht, wie weit wir auch gehen, unter unsern Füßen mit. Ihn zu nennen heißt schweigen, und es heißt nichtschweigen. Daß es nach Auschwitz keine Gedichte mehr geben könne (wer kennt sie nicht, Adornos Warnung), ist eine Tatsachenfeststellung. Sie bedeutet nicht, daß es nach Auschwitz keine GEDICHTE gäbe – wo wäre die deutsche Lyrik ohne die Gedichte Paul Celans, Rose Ausländers oder Nelly Sachs'. Sie bedeutet nur, daß es für Auschwitz kein DANACH gibt, so wenig wie ein ANDERSWO. Die bedeutendsten Bücher der Überlebenden bezeugen das Lager als Ort einer in der Geschichte der Menschheit noch nie dagewesenen Teilnahmsferne; nicht nur *für* die Opfer, auch der Opfer für *sich*. An dieser Distanz hatten alle teil: diejenigen, die etwas von Auschwitz wußten, und die nichts davon wußten (à la Delamuraz geredet: die *wirklich* nichts davon wußten); diejenigen, die Auschwitz verwalteten, die darin totgesäubert wurden und die es zu bombardieren unterließen (um zu retten, um WAS zu retten?).

Das Grauen von Auschwitz beruht nicht darauf, daß es am unvorstellbaren Ende jeder Zivilisation liegt, sondern in der vorstellbar gewordenen Mitte einer jeden.

Daher das Schweigen, das Delamuraz' trotzigem Sätzlein antwortete. Es hat – in abscheulicher Unschuld – die Distanz zwischen den beiden Orten (897 km) auf einmal einstürzen lassen. Und es brauchte keinen Bösen Blick mehr dazu, im einst realen Auschwitz etwas von der Fassade der heute nicht mehr ganz realen Schweiz wahrzunehmen: den Geranienschmuck vor den Fenstern, die peinliche Sauberkeit, wo es drauf ankam (auf UNSERER Seite des Todes), das Zartgefühl des guten Familienvaters Höß, der die jungen Menschen nur bedauern konnte, die unter blühenden Bäumen dahin gingen, in sein Gas.

Es gibt in der Zeit, aus der wir Geschichte machen, immer wieder Orte, die eine moralische Topographie aufbauen. An ihr werden die Völker gemessen – es hilft ihnen nichts, sich auf geographische Enfernungen zu berufen. »*Mourir pour Dantzig?*« Mit dem Abstand, den zu viele Franzosen achselzuckend von dieser deutschpolnischen Grenzstadt nahmen, hatten sie den Krieg gegen Hitler schon verloren – und bald verloren sie auch ihr eigenes Territorium dazu, das ihnen näher gelegen hatte als Danzig. Hätte es nicht Franzosen gegeben, für die Frankreich auch ohne Territorium existierte, nämlich als Idee, die man der Menschheit schuldig war und blieb – nichts hätte Paris davor bewahrt, der Lunapark Europas zu werden, den Hitler daraus machen wollte. De Gaulle stand mit der Idee, sein Frankreich sei für die Menschheit obligatorisch, lange ziemlich lächerlich da. Aber was er unter *Grandeur* verstand, zeigte er durch die Abwicklung des Algerienkriegs; er zeigte es noch mehr durch den Frieden, den er mit Deutschland machte. Der Kern des Europa, den damals ein paar alte Männer befestigten, war kein Vertrag über Kohle und Stahl; es war auch nicht nur ein offenes Abwehrbündnis gegen die Sowjetunion (und ein verdecktes gegen die USA). Dieses Europa war auch kein Territorium mehr (denn wo hätte es angefangen, wo aufgehört), es war eine Gründung des Bewußtseins, ein Zusammenschluß gegen die Teilnahmsferne, eine gegenseitige Versicherung der Europäer gegen ihre historische Feindschaft mit sich selbst. Lärmende Kriege sind der Export dieser Feindschaft; Antisemitismus, Genozid aber ist ihr Exzeß nach innen, am eigenen Leib der Völker.

Der Satz, Auschwitz liege schließlich nicht in der Schweiz, bedeutet auch: die Schweiz gehört nicht zu Europa, sie nimmt nicht teil an der Zivilisation, die bei uns selbst beginnt. Nein, so hat es Herr Delamuraz gewiß nicht gemeint. Leider hat er dann nicht gewußt, was er sagt. In seiner Sprache heißt das wohl: *C'était pire qu'un crime, c'était une faute.*

Vor dem Zweiten Weltkrieg hat es Schweizer gegeben, die wußten, daß sich ihre Schweiz nicht erst an deren Grenzen verteidigen ließ. Sie haben in den Internationalen Brigaden für die rechtmäßige Republik Spaniens gekämpft – ihre eigene hat sie dafür, als sie zurückkamen, für ehrlos erklärt. Guernica – das lag bekanntlich auch nicht in der Schweiz. Als der Krieg kam, mußte ihr, um ihn von ihren Grenzen fernzuhalten, jedes Mittel recht sein, auch solche, über die sie heute, 50 Jahre danach, erschrickt. Hätten ihr bestimmte Orte, von denen ein Bundesrat heute noch meint, sie lägen ganz anderswo, etwas früher nahegelegen; wäre Auschwitz wenigstens dann, als wir wissen konnten, wie viele Menschen wir dorthin *weggewiesen* hatten, ein Ort der Schweizer Geschichte geworden: wir hätten mit dem Erschrecken früher angefangen.

Es war gewiß keine Schande, sich um jeden Preis und mit allen Mitteln draußen zu halten. Aber als wir den Preis kannten – denn er trug ein menschliches Gesicht –, hätten wir ihn beim Namen nennen müssen. Diese Menschen hatten Namen. Was wir in Kauf nahmen, um uns zu retten, war ihr Leben, und danach ihr Gold, auch dasjenige ihrer Zähne. Dafür verlangten wir unverfängliche Stempel, nachdem wir für die Träger dieser Zähne unzweideutige Kennzeichnungen im Paß verlangt hatten. Wir? Herr Rothmund. Aber als wir seine Praxis, nachdem sie bekannt war, unter Kriegsspesen abbuchten, machten wir uns zu seinesgleichen. Wir entschuldigten uns noch immer, wie Herr Delamuraz, nur dafür, daß wir, ganz unbeabsichtigt, jemandes Gefühle verletzt haben könnten. Aber nein: wir waren stille Teilhaber einer industriellen Menschenvernichtung und haben daran verdient. Diese Tatsache haben wir, als sie nicht mehr zu leugnen war, noch immer als Fußnote zu einer Heldenlegende behandelt. Das ist unsere Schuld, und unentschuldbar geworden ist sie durch Nichtanerkennung.

Es ist wahr, und es ist ein Glück, daß die Schweiz den Krieg heil überlebt hat; es ist nicht wahr, daß sie gerechtfertigt daraus hervorgegangen ist. Und daß sie an diese Lüge ihre Identität gebunden hat, war nicht nur ein Unglück, es war eine Dummheit. Sie hat sich in einer Legende angesiedelt, mit der sie sich nicht nur von der Geschichte der anderen abhob, sondern auch von ihrer eigenen. Seit 1989 wurde ihre reale Selbsttäuschung immer löchriger und dünner; jetzt hat sie auch die moralische eingeholt und fällt ihr aufs Genick. Mit der Aufhebung des Belagerungszustandes, der auch den Kalten Krieg für die Schweiz noch gewinnbringend machte, ist die letzte Grenze gefallen, an der es für die Abwehrreflexe des Igel-Landes etwas zu verteidigen gab. Seither zeigt sich unerbittlich, daß eine politische Existenz, die fünfzig Jahre lang mit diesem Reflex bestritten wurde, nicht zu halten ist. Schweizer, die, an Vorzugsbehandlung gewöhnt, heute in einer verkehrten Welt zu erwachen glauben, müssen zur Kenntnis nehmen, daß ihre goldrichtige von gestern auf einer Illusion beruhte – die jetzt, zum ersten Mal, als böswillige Täuschung anderer erscheint. Und zwar mit einem Furor der Rückwirkung, auf den uns niemand vorbereitet hat.

Niemand? Nur ein paar Intellektuelle, also für die offizielle Schweiz: niemand. Wer etwa zwischen den *Blättern aus dem Brotsack*, die der Kanonier Max Frisch im Aktivdienst geschrieben hatte, und dem *Dienstbüchlein* der sechziger Jahre einen schwerwiegenden Unterschied feststellte, lastete ihn dem Verfasser an: er war offenbar ein Un-Schweizer geworden. Überhaupt machte sich die noch ungestörte Fichen-Schweiz jener Jahre einen Sport daraus, Melder von Schäden als deren Verursacher zu denunzieren. Der Riß in der tragenden Wand, den redlich gebliebene, darum kritisch gewordene Patrioten längst bemerkten: was war er schon, wenn nicht die Schmierspur eines Nestbeschmutzers?

Man muß sich – ohne Wehleidigkeit – daran erinnern, wie weit der organisierte Selbstbetrug der Schweiz in den vergangenen Jahrzehnten ging, wie weit er zu gehen bereit war, wieviel demokratische Substanz er verschleuderte und wie wenig er sich dabei genierte. Der Kontrast zum übrigen Westeuropa, wo man ernsthafteren Beschäftigungen nachging, war schon damals kraß, das Liberalitätsgefälle zuungunsten der Schweiz fühlbar. Aber sie profitierte immer noch davon, daß sie (außer für ihre Un-Schweizer) nirgends ein Thema war. Jetzt, da sie dazu geworden ist – über Nacht, wie Leute glauben müssen, die schon in den letzten Jahrzehnten lieber glauben als wissen wollten –, stehen die Artikel dieses Credo in so abscheulichem Licht da, daß die Schweiz sich fast ebenso plötzlich nicht nur von allen guten Geistern, sondern auch vom Glauben an sich selbst verlassen findet.

Träumt sie? Auf einmal gibt es nichts mehr, was man ihr nachsehen will. Neutralität? *Nonsense*, sagt Mr. D'Amato, unser spezieller amerikanischer Freund. Alle paar Tage wird er eine neue belastende Akte produzieren und damit immer denselben verkrampften Eiertanz auslösen. Die Akte sei längst bekannt, werden leitende Schweizer versichern; es gebe da zum Beispiel die Arbeit von Werner Rings. Und wenn sie der Senator darauf einer Reaktion würdigt und die Mikrophone noch offen sind, wird er sagen: man dürfe eben nicht für sich in die Ecke sprechen. Unsere Herren bitten um Geduld, die Historikerkommission, die sich gerade zum Nachsitzen bereitmache, dürfe doch nicht gestört werden, sonst könne es mit der Wahrheit womöglich länger als vier Jahre dauern. Vier Jahre! und das bei der Medienszene und ihren Schnellschuß-Gewohnheiten; wer interessiert sich in vier Jahren noch für die Schweiz! *Showtime is NOW!*

Und so genießt eine Welt von Zuschauern in keineswegs klammheimlicher Freude, wie leicht der enttarnte Musterknabe auf Trab zu bringen ist, wie ungeschickt er die goldene Nase verdeckt, die er sich am Unglück anderer verdient hat. Halb Tartuffe, halb Dorfrichter Adam, beteuert er, das Wasser, das ihm bis zum Hals steht, nicht getrübt zu haben, jedenfalls müsse man dafür eine gründliche Untersuchung abwarten; von zerbrochenem Geschirr weiß er nichts, und überhaupt seien andere auch noch dabei gewesen. Es ist eine elende *Gong Show*, nur daß ihr Unterhaltungswert pikant genug ist, daß sie niemand abwinken will. Zum ersten Mal in Jahrzehnten ist die Schweiz *News*, leider auf der Skandalseite: der Musterbub als Mordshehler, der Saubermann als Zuhälter; wahrlich, das haben wir nicht gewollt. Wer wartet noch auf eine starke, eine mutige Geste der Schweiz? Man wartet nur auf ihre Unwirksamkeit, auf ihre Verspätung.

Ja, träumen wir? Es hat sich ausgeträumt, und wir erwachen in der Realität. Die Tränen, die uns jetzt die Scham auspressen kann, sind diejenigen, die uns nicht gekommen sind, als wir feststellen mußten, daß Auschwitz nicht nur überall lag, sondern auch in der Schweiz. »Stehn wir den Felsen gleich, nie vor Gefahren bleich, froh noch im Todesstreich«, ja, *dabei* sind mir, wenn ich diese Worte als Kind an der Kriegs-Bundesfeier mitsang, schon die Tränen gekommen – Tränen des Stolzes darüber, daß ich ein Schweizer war. Diese Tränen waren nicht falsch, auch wenn sie nicht zu den Taten der Schweiz im Kriege paßten, und nicht zu ihren Unterlassungen. Ganz falsch wurden sie erst, als sie bald fünfzig Jahre später als »Diamant« konserviert wurden: da waren sie steinhart geworden und dienten nur noch der Verblendung. Es war nicht falsch, daß sich die Schweiz im Krieg durchgeschlängelt hatte, wie sie konnte und mußte – grundfalsch war erst, den begründeten Opportunismus in eine Heldengeschichte umzufälschen und jeden einen Lumpen zu schelten, der sie nicht nachbetete. Wirklich schlimm ist, daß sich die Schweiz ohne Not – wahrlich ohne Not! – nach dem Krieg jener Teilnahmeferne schuldig gemacht hat, die das Merkmal der Lager war und die nur die äußerste Not entschuldigt. Für alle Nachbarn war im Krieg eine Welt untergegangen: da ließen wir uns an der Feststellung genügen, daß die unsere intakt geblieben war. Sensibilität für andere ersetzten wir – lange erfolgreich – durch Empfindlichkeit in eigener Sache.

Nein, man glaube doch nicht, daß uns die andern jetzt nachtragen, daß wir bei Hitler mitgemacht haben. Sie schätzen uns gering, weil wir bei dem, was auf Hitler folgen mußte, *nicht* mitgemacht haben. Sie stellen fest, daß die Geschäftstüchtigkeit, die wir im Krieg beweisen mußten, um zu überleben, zur Maxime der nächsten 50 Jahre wurde, als es nur noch um das Leben anderer ging; zuerst um das Leben in Europa und seine Versicherung gegen Rückfälle. Wir hatten keine einzige Bombe geworfen, nichts kaputt gemacht, wir waren nicht schuld: warum sollten wir jetzt Verantwortung übernehmen für den Aufbau?

So haben wir uns nicht nur isoliert; so sind wir arm geworden.

Daß wir diese Armut jetzt auch an unserem Wohlstand zu spüren bekommen, wäre zu verschmerzen; auch daß wir der Welt mit unserer Verlegenheit und Konfusion ein Spektakel bieten. Unerträglich ist, daß wir uns nicht nur von Auschwitz (oder Sarajevo) bis zur Unkenntlichkeit unseres Gesichts entfernt haben, sondern damit zugleich von unseren eigenen Quellen; derjenigen einer reichen, auch konfliktreichen Geschichte, die jeder Legende spottet und die uns hätte befähigen können, schwachsinnigen Lesarten unserer selbst entgegenzutreten.

Oder war es nicht Schwachsinn, zwar 1848 zum Feiern freizugeben, nicht aber 1798 – ein Datum, dem die Waadt oder der Thurgau ihre Befreiung verdanken, und die Kantone diesen Namen? Als wäre unsere Geschichte ein Verhandlungsangebot, bei dem es uns zusteht, die Rosinen herauszupicken: eine exemplarische Form von Kurzsichtigkeit, von Geschäftstüchtigkeit auf eigene Kosten. Wer 1798 kein Datum des Gedenkens findet, was weiß der an 1848 zu feiern? Wollen wir den Unfug, von uns selbst in den Jahren 1939-45 im Ernst nichts wissen zu wollen, über die ganze Geschichte unseres Staates erstrecken; einer Schweiz, die in ihrer realen – nicht legendären – Form jünger ist als Belgien und ohne eine französische Invasion so wenig zustande gekommen wäre wie ohne einen Bürgerkrieg, und ohne eine damals phantasievolle eidgenössische Außenpolitik, einen mutigen Stoffwechsel mit Europa?

Zu dieser Politik gehörten die Flüchtlinge, die hier dafür lebten und kämpften, daß die Schweiz, die ihnen kraft ihrer gelungenen 48er-Revolution Zuflucht bot, *kein* Sonderfall in Europa blieb. In ihren Gedanken und Utopien konnten sie diese Schweiz auch in ihren unglücklichen Vaterländern, in Polen, Preußen, Italien, Frankreich verwirklicht sehen. Im Hinblick darauf, um zu lernen und zu lehren, boten sie dem immer noch armen, aber zukunftsfrohen Gastland ihre Dienste an und nahmen auf allen Ebenen seiner bundesstaatlichen Organisation an ihm teil. Diese Schweiz war es, die dem preußischen König nach eigenem Geständnis schlaflose Nächte bereitete; denn ihr Herz schlug auch in seinen geflohenen Untertanen.

Das ist lange her: heute zahlen wir für die schlaflosen Nächte, die wir wegen Auschwitz nie hatten; jetzt holen uns alle Sorgen ein, die wir uns um den Aufbau Europas nicht gemacht haben, im Schlaf der Selbstgerechten, in dem uns auch die Tränen ausgingen.

Der Schock, den wir jetzt erleben, bietet endlich eine Chance: dem Land zu gleichen, das wir waren, und das wir sein könnten; ein Land, das teilnimmt an dem, was es gestern angerichtet hat, und bereit wird für das, was es nicht erst morgen, was es heute schon ausrichten kann. Die Geringschätzung, die wir spüren und mit der wir uns selbst zu begegnen anfangen, verschwindet am ehesten, wenn wir sehen können: wir haben jetzt nicht nur etwas gutzumachen. Endlich haben wir etwas zu tun.

Nachschrift I

Nachdem diese Intervention im Zürcher *Tages Anzeiger* erschienen war, durfte ich mich über eindeutige Reaktionen – so oder so – nicht wundern. Die *Neue Zürcher Zeitung* erwiderte, nach Art des Hauses, differenziert. Ihr Feuilleton-Chef Martin Meyer fand, ich hätte meinen Gegenstand doch besser historisch als moralisch abgehandelt. In der Tat war mir, Auschwitz vor Augen, die empfohlene Relativierung unerschwinglich gewesen. Auch diese hat ja – unter dem Stichwort »Historikerstreit« – inzwischen ihre Geschichte, deren Spur mich eher geschreckt haben muß als das Risiko, der gleichfalls relativen Unschuld meines Landes nahezutreten. Dieser hat es in den vergangenen Jahrzehnten an undifferenzierten Fürsprechern ja nicht gefehlt. Was – bis heute – gefehlt hat, war ein allgemeiner Schock der Einsicht in die eigene Verstrickung, dem Taten hätten folgen müssen – genau jene, welche »die Welt« heute an der Schweiz vermißt.

Freilich: das Imageproblem des »Standortes Schweiz« war weniger meine Sorge als unsere Bereitschaft zur Wahrhaftigkeit in eigener Sache. Auch an dieser Wir-Form hat sich mein Kritiker gestoßen. Er mag auf Patriotismus gerade hier nicht gefaßt gewesen sein; dieser sucht sich in der Regel weniger dunkle Plätze aus. Die Unterstellung einer Kollektivschuld brauchen »wir« uns gewiß sowenig wie andere Völker gefallen zu lassen. Man kann aber auch beim Differenzieren zu gefällig sein. Die Belehrung über den Unterschied zwischen »Gesinnungsethik« und »Verantwortungsethik« (nach Max Weber) könnte ich leichter annehmen, wenn es dafür in der jüngeren Schweizer Geschichte nicht eine neutralitätspolitische Billig-Ausgabe gegeben hätte. »Gesinnungsneutral« wollte sich die offizielle Schweiz nicht schelten lassen; sie wich nur, wenn die Gesinnung etwas kostete beziehungsweise ihr Gegenteil etwas einbrachte, in die bequemere »politische Neutralität« aus. Im übrigen wird es auch der *Neuen Zürcher Zeitung* nicht an Gelegenheit fehlen, heute die gebotene Verantwortungsethik zu praktizieren, indem sie Verantwortliche beim Namen nennt: für das Blutgeldgeschäft damals; für das Blutgeldgeschäft heute (Stichworte Marcos und Mobutu).

Nachschrift II

Alles, was recht ist: am 5. März hat der schweizerische Bundespräsident – inzwischen heißt er nicht mehr Jean-Pascal Delamuraz, sondern Arnold Koller – einen für hiesige Verhältnisse überlebensgroßen Schritt gewagt. Er hat dem Parlament und allen Mitbürgern eröffnet: es werde in naher Zukunft, und für die weitere, eine »Schweizerische Stiftung für Solidarität« geben. Geschöpft soll sie werden aus den Goldreserven der Nationalbank, die sich, durch marktgerechte Aufwertung, so wundersam vermehrt haben, daß volle 7 Milliarden Schweizerfranken ungestraft in zinstragendes Papier zu verwandeln sind, worauf sie, ohne als Kapital zu schwinden, jährlich etwa 350 Millionen abwerfen, für die Notleidenden dieser Erde. Die Hälfte der so begünstigten Opfer wird im eigenen Land, die andere Hälfte aber im Rest der Welt gesucht, und keineswegs nur unter den Betroffenen des Holocaust. Überhaupt soll der Fonds, seiner penetranten Gold-Symbolik ungeachtet, vom Gedanken der Wiedergutmachung gelöst und dem vertrauteren und minder verfänglichen der Solidarität gewidmet sein. Und damit auch dem Zweck, die Niedergeschlagenheit, die das Land lähmt, wieder in konstruktive, von Zuversicht getragene Energie zu verwandeln. So verspricht die Stiftung auch die eines erneuerten Selbstvertrauens zu werden, wo nicht gar einer wiedergewonnenen Identität.

»Befreiungsschlag« nennen sportlich staunende Kommentare denn auch gern diese Willensbekundung, die fast einem moralischen Staatsstreich von oben gleichkommt. Etwas Großes soll werden; ob auch etwas draus wird, hat freilich der letzte Richter über Verfassungsänderungen zu entscheiden, nämlich das Volk. Die mehrheitliche Bereitschaft dazu, die es in einer ersten Sonntagsumfrage zu erkennen gab, läßt einstweilen an ein Wunder glauben. Nur dauern wird es noch etwas, und was in der Referendumsdemokratie »erdauert« werden muß, dem pflegt bald Allzumenschliches zuzustoßen. Der Volkstribun Blocher, dem der Bundesrat gerade die Schau einer »Richtigstellung« gestohlen hatte, unterließ zwar die Drohung mit dem Nein, wird aber schon Leute zu finden wissen, die er bei Bedarf nicht hindern kann, sie zur vaterländischen Tat werden zu lassen. Vorläufig bemerkte er, für seine Verhältnisse kleinlaut, nur: der Bundesrat müsse den Kopf verloren haben.

Aber auch Leute, die am Verstand des Bundesrats nicht zweifeln, fragen sich mit Sorge, wie der goldene Einfall in die gegenwärtige Sparlandschaft Schweiz passen soll. Um diese Querlage häuft sich der Argwohn, und man kann schon zusehen, wie er sich zum Widerstand verfestigt. Von bürgerlich-hausväterlicher Seite fühlt man sich von der plötzlichen Entdeckung flüssiger Goldquellen in seinem ökonomischen Ernst getroffen. Wo kommt ein Staat hin, der Währungsreserven als Manövriermasse einsetzt und sich über Nacht dazu hinreißen läßt, den goldenen Boden des starken Schweizerfranken zu verschaukeln? Von links hört man den Einwand, dem Staat müsse verwehrt werden, sich mit einer einmaligen Geste womöglich aus regulären Sozialverpflichtungen zu entlassen. Senkrechte Kleinbürger, immer noch im Aktivdienst, sehen überhaupt nicht ein, warum ausgerechnet ihr gutes Geld (»Volksvermögen«) für die moralischen Hypotheken der Großbanken und Geschäftemacher geradestehen soll. Auch aus moralischer Höhe läßt sich auf den Fonds bereits tief hinunterblicken: da seien als Wohltäter getarnte Schlaumeier am Werk, die als Tribut an die Menschheit verkauften, was ja nur ein kostengünstiges Lösegeld sei, und außerdem eine Spekulation auf außenpolitischen Kursgewinn und innenpolitische Begehrlichkeit.

Ein großes Ding ganz schnell kleinzureden gehört zu den altbewährten eidgenössischen Bürgerpraktiken; und wem man nachsagt, er habe den Kopf verloren, der mußte früher zusehen, daß er ihm nicht bald auch richtig abgeschlagen wurde. Kann man die sieben Milliarden aber erst einmal gut sein lassen, so darf man an einem tapferen Schneiderlein, das Sieben auf einen Streich treffen will, auch einmal die Tapferkeit bemerken. Um in der Märchensprache zu bleiben (die bei Goldreden naheliegt, nachdem mit dem Goldverschweigen kein Staat mehr zu machen ist): fürs erste hat das Schneiderlein, indem es vorne durchs Fenster sprang und hintenherum die Tür verschloß, die verfolgende Wildsau gefangen. Nämlich das apokalyptische Tier weltweiter Ehrabschneidung, das die Schweiz der Schuldlosen scheinbar aus dem Nichts angefallen hat. Nachdem sie einige gute Gründe dafür anerkennen mußten, werden sie sich mit Hilfe ebendieser Anerkennung auch wieder ein wenig aufrichten dürfen.

Es gehört sich nicht, in diesem Zusammenhang von

»Stolz« zu reden, denn bei ernsthaften Verletzungen durch die Wahrheit ist Stolz kein Gegenmittel. Aber daß die Regierung mit hauchdünner Mehrheit dem Land wieder einen Anlaß zur Selbstachtung geliefert hat, ist doch mehr, als viele seiner Bürgerinnen und Bürger nach Blochers furchtbarer »Richtigstellung« noch zu hoffen wagten. Als einer von ihnen bekenne ich meine Dankbarkeit.

Aber auch meine Sorge: für den Fall, daß die Stimmbürger sich weigern sollten, den Schuldschein zu decken, den der Bundesrat auf ihre anspruchsvolle Einsicht gezogen hat. Nach einem NEIN des Volkes wäre »Scherbenhaufen« ein zu neutral riechender Ausdruck für Verfassung und Ansehen der Republik. Das geklemmte Gold würde wieder zu jenem Kot, in dem die Psychoanalyse seinen infantilen Rohstoff erkannt hat. Nur wäre der Mist, den wir kollektiv gebaut hätten, so von Ressentiment, Trotz und Selbstvergiftung kontaminiert, daß darauf lange nichts Grünes mehr gedeihen könnte. Das »edle Wild der Mehrheit«, das der junge grüne Heinrich in seinem Traum von Demokratie jagen half, hätte sich dann als menschenjagendes Ungeheuer gezeigt, als Reißwolf an der eigenen Geschichte, und am Ende als böser Feind seiner selbst.

2

»Echo der Zeit«, Radio DRS, 13. Februar 1997

In der *Neuen Zürcher Zeitung* vom 11. Februar gibt der Präsident der FDP Schweiz unter dem redaktionellen Obertitel »Schatten des Zweiten Weltkriegs« Entwarnung für sein Land: KEIN GRUND ZUR SCHAM. Danke, Herr Steinegger – also keine Kollektivschuld der Schweiz; das mußte einmal gesagt werden. Es gibt Schweizer, die sich jener Jahre nicht zu schämen brauchten. Um nicht nur bürgerliche Redaktoren zu nennen: da fällt mir auch ein bürgerlicher Polizeihauptmann Grüninger in St. Gallen ein, oder ein bürgerlicher Konsul Lutz in Ungarn. Beide haben ihre Kompetenzen weit überschritten, als sie für Flüchtlinge, die ihre Regierung als »unecht« gebrandmarkt hatte, lebensrettende Papiere ausstellten. Mir fällt der Christ Maurice Bavaud ein, der entschlossen war, das Gebot »Du sollst nicht töten« gegen Adolf Hitler außer Kraft zu setzen und für diesen Vorsatz, den er leider nicht ausführen konnte, hingerichtet wurde. Unter den in Ehren Gefallenen – oder doch in bürgerliche Unehren Gefallenen – gibt es auch ein paar Linke, wie den Spanienkämpfer Max Hutter, oder seinen überlebenden Bruder Hans, der in seinen unlängst erschienenen Erinnerungen erzählt, wie er die Demokratie nicht erst im Réduit, sondern schon am Ebro verteidigt hat.

Aber auch die gewöhnlichen Bürgerinnen und Bürger, die in einem belagerten Land fünf Jahre aktiven Dienst leisteten, haben sich dafür wahrlich nicht zu schämen. Sie haben allen Grund, ein summarisches Urteil über die Schweiz jener Jahre nicht gelten zu lassen. Die Schweiz der unvermeidlichen Geschäfte mit dem Feind, und erst recht diejenige der unerträglichen Geschäfte, war nie *ihre* Schweiz.

Auch nachdem der fatale Zusammenhang von gutem Glauben und böser Schuld aktenkundig und unübersehbar wurde, fallen mir viele Landsleute ein, die sich nicht zu schämen brauchten. Um unter den Schriftstellern nur einen leider schon fast vergessenen zu nennen: Walter Matthias Diggelmann, der 1965 – und nicht erst 1997 – in seinem Buch *Hinterlassenschaften* den Zusammenhang zwischen der Schweizer Flüchtlingspolitik im Zweiten Weltkrieg und der Belagerungsneurose der »Fichen«-Schweiz im Kalten Krieg hergestellt hat. Dafür ist er von der offiziösen Schweiz geächtet worden; auch daran muß man sich erinnern. Wahrhaftig, mir fallen mehr als eine Handvoll noch lebender Mitbürgerinnen und Mitbürger ein, die nicht auf Herrn D'Amato oder den Jüdischen Weltkongreß gewartet haben, um ihrem Land Ehrlichkeit in eigener Sache abzuverlangen. Sie sind nicht fassungslos über die Welle internationaler Abneigung, die der Schweiz jetzt entgegenschlägt und die mit sparsam verteiltem Öl nicht zu glätten sein wird.

Doch sonderbar: eben diejenigen, die Herrn Steineggers Entwarnung – »kein Grund zur Scham« – vielleicht nicht nötig hätten, gerade sie sind es, die sich heute schämen. Und sonderbar: Herrn Steineggers Einladung, sich nicht zu schämen, ergeht gerade an diejenigen, die auch heute nicht daran denken. Geniert mögen sie sein, irritiert, beleidigt – aber vor zu heftigem Schamgefühl brauchen sie nicht bewahrt zu werden. Der grundsympathische Franz Steinegger glaubt seinem Freisinn einen Dienst zu leisten, wenn er ihn gegen – wie sagt er? – »selbsternannte Tugendwächter der Sprache« in Schutz nimmt. Ach, Herr Steinegger: die Landsleute, die Sie hier ansprechen, wissen längst, daß sie über keine Tugend mehr zu wachen haben. Und wenn sie, in der Tat, »selbsternannt« sein mögen, so nur, weil die Schweiz mit der Ernennung anderer Stellen – etwa einer Historikerkommission – ein halbes Jahrhundert gezögert hat. Und was »die Sprache« betrifft: die Schweizer, die Sie schelten, sind eigentlich nicht schuld, wenn die Schweiz, die Sie verteidigen, die Sprache der Empfindlichkeit, des Erschreckens vor selbstverschuldeten Opfern, die Sprache der Solidarität mit einem zerstörten Europa ebenfalls 50 Jahre lang nicht lernen wollte. Ihre Sprache, die Sprache eines Maßnahmenkatalogs im Verlautbarungsstil, erweckt sogar den Verdacht, daß Sie, wenn Sie von Opfern reden, immer noch zuerst Herrn Delamuraz, oder Herrn Jagmetti, oder gar sich selbst als geplagten Parteipräsidenten meinen, kurzum: Ihre Schweiz.

Davon aber, Herr Steinegger, ist für einmal nicht die Rede. Die Rede, die Sie für angezeigt halten, könnte einigen Ihrer Parteimitgliedern sogar weiteren Grund zur Scham liefern. Man verlangt ja nicht, daß die Sprecher Ihrer Sprache gleich abtreten. Aber ist es zuviel verlangt, daß sie schweigen?

3
Von der Nationalität zur Bestialität

Ich bin, liebe slowenische Freunde, Bürger eines kleinen Wunderlandes. Es liegt mitten in Europa, aber nach Europa will es nicht. Logisch, würde Lewis Carroll sagen, der Autor von *Alice in Wonderland*, im Hauptberuf Mathematikprofessor. Wo man schon ist, da braucht man nicht mehr hin. Mathematisches haben Sie *auch* geschrieben? soll ihn die Königin Victoria erstaunt gefragt haben. Sie kannte ihn nur als Schöpfer von *Humpty Dumpty* oder des bemerkenswerten Satzes der Roten Königin: »Hier läufst du, so schnell du kannst, um an der gleichen Stelle zu bleiben.« Mit dem Zusammenhang von Schon-da-Sein und Immer-noch-Hinkommen scheint es in Wunderländern eine trickreiche Bewandtnis zu haben.

Ich hätte sagen sollen: die Schweiz liegt mitten in Europa, aber sie gehört nicht dazu.

Aha, könnte der Liebhaber der kleinen Alice sagen, das klingt nach einer Insel, England, zum Beispiel. Liegt mitten im Meer und gehört nicht dazu. Oder nach einem verlorenen Puzzlestein. Man sieht exakt, wo er hingehört und wie er aussieht, nur zu greifen ist er nicht.

»*Suiza no existe*«, stand vor ein paar Jahren im Schweizer Pavillon an der EXPO von Sevilla. Der Satz hat viele Bürger meines Wunderlandes sehr aufgebracht.

Heftig haben sie gegen die Behauptung ihrer realen Nicht-Existenz protestiert. Das ist nämlich seit Jahrzehnten etwas wie der Nationalsport im Wunderland: die Selbstbehauptung. Geübt und bewährt in zwei Weltkriegen, die uns darum nicht erwischt haben. Daß so viel Selbstbehauptung trotzdem nach Unwirklichkeit riecht – also die Gegenbehauptung: »die Schweiz gibt es nicht« hintenherum bestätigen könnte –, will den meisten Schweizer Wunderländern nicht in den Kopf. Der bleibt hart und sagt ihnen: Wenn schon, sind es die andern, die nicht existieren! Europa – gibt es nicht, jedenfalls nicht in der Form, die sich mit den Ansprüchen eines Wunderlandes vertrüge –

Das nennen sie ihren Realismus. Leider sind die Realitäten auch nicht mehr, was sie waren – und solide wie meine Mitbürger waren sie eigentlich noch nie. Im Ausland darf ich's ja einmal sagen: die Schweiz, die Sie möglicherweise bewundern, ist eine ausländische Erfindung. Die Schönheit ihrer Berge verdankt sie den englischen Reisenden, ihren Nationalhelden, Wilhelm Tell, einem deutschen Dichter, ihre Bürgerrechte einer französischen Invasion, ihr Zweikammersystem sogar den Amerikanern. Natürlich übertreibe ich. Aber die geistigen Landesverteidiger haben es nach der anderen Seite getan, 50 Jahre fast unwidersprochen. Wenn man sie hörte, hatten sie sogar, mit Gottes Hilfe, die Alpen selbst gebaut, für die Bunker darin.

Aber ob die Schweiz nun existiert oder nicht: ihr Bestes gibt sie im Export, auch von Schweizern. Die Nachbarn profitieren davon. Um nur die Franzosen zu nennen: denen hat die Schweiz den Philosophen Rousseau beschert, den Bankier Necker, seine Tochter Madame de Staël, ihren Freund Benjamin Constant, den Revolutionär Marat, den Historiker Sismondi, den Architekten Le Corbusier, den Romancier Pinget, den Bildhauer Giacometti – auch der Export in andere Länder würde Sie erstaunen. Die Schweiz hatte sogar für die ganze Welt etwas übrig: das Erziehungsideal Heinrich Pestalozzis oder das Rote Kreuz des Henri Dunant. Von nichts kommt nichts: aber daß da etwas war, oder gewesen sein könnte, pflegt erst jenseits der Schweizer Grenze aufzufallen. So war das schon mit den gefürchteten Schweizer Söldnern der frühen Neuzeit. Wir exportieren, also sind wir – *J'exporte, donc je suis.* Das ist eine notwendige Ergänzung zum Satz: »*La Suisse n'existe pas.*«

Als behauptetes Land mag die Schweiz unsichtbar bleiben; als Geberland also läßt sie sich sehen. Keine Insel, Mr. Carroll! Ein Wegkreuz, dessen Schnittpunkt der Sankt Gotthard ist. In meiner Kindheit, während des Krieges, dachte ich, der Gotthard sei nur ein Berg, denn damals war er der Inbegriff einer Festung – viele glauben immer noch, er sei als Festung haltbar. Aber zuerst war der Gotthard ein Paß. Und zugleich eine Quelle Europas: hier entspringen drei Ströme und fließen in alle Himmelsrichtungen ab, nach Deutschland, Frankreich und Italien.

Die Schweiz mit ihren vier Kulturen und einem Fünftel Ausländer ist ein europäisches Land. Ihr Glück, daß sie darüber nicht mehr zu entscheiden hat, nicht einmal mit demokratischer Mehrheit.

Doch als Nation, so viel ist wahr, existiert die Schweiz

wirklich nicht. Sie hat es probiert, im letzten Jahrhundert, unter dem Eindruck des vereinigten Italien, des neuen deutschen Kaiserreichs. Da wollte auch die Schweiz endlich ihre Nationalflagge, ihre Nationalhymne, ihren Nationalfeiertag. Aber das Kreuz auf der Fahne war kein nationales Symbol; die Landeshymne wurde auf die Melodie *God Save the King* gesungen; und der Nationalfeiertag blieb eine *Bundes*feier. Ein Bund aber ist keine Nation. Er ist ein Zusammenschluß Verschiedener, die sich nur darin zur Not einig werden, daß sie einander ihre Verschiedenheit garantieren: Deutsch und Welsch, Katholisch und Reformiert, Stadt und Land, Jung und Alt. Schweizer und Fremde?

Die Behauptung, daß die Schweiz *gegen* Europa einig sein müsse; der Patriotismus derer, die zwar immer noch verkaufen wollen, aber nichts mehr geben – diese Behauptung ist reine Säure für den Bund Schweiz. Sie beginnt heute den Kitt des kleinen Vielvölkerstaates anzufressen. Gegen Europa kann die Schweiz nicht einig werden, ohne zu implodieren. Wenn gewisse Anfänge ethnischer Säuberung, die wir auch in der Schweiz feststellen, Erfolg hätten, wären sie das Ende der Schweiz, und die fabelhafte Nicht-Existenz der Schweiz würde zur schauderhaften.

Aber selbst diese Schweiz wäre noch ein europäisches Territorium, nur wäre sie in das Europa von vorgestern zurückgefallen, ein Europa der Gewalt, der Bürgerkriege, der Genozide.

Das Europa von morgen aber, das sich nach dem Krieg zu bilden anfing – als Eidgenossenschaft gegen geschichtliche Rückfälle –; dieses Europa, das vom Kalten

Krieg zwar leben mußte, aber auch ihn überleben wollte: dieses Europa ist nichts anderes als ein großer Verwandter jener Schweiz, die es nicht gibt und von der die Menschheit im 18. Jahrhundert geträumt hat: ein Staatenbund, in dem Kleine und Große gleichberechtigt miteinander umgehen; der stolz ist, aus Minderheiten zu bestehen; wo die Gerechtigkeit ihren Hauptsatz buchstabieren lernt: daß Gleiches zwar gleich, Ungleiches aber ungleich zu behandeln sei; und wo das Maß der Freiheit natürlich die Freiheit des Andersdenkenden ist. Denn von wem sonst soll ich erfahren, was ich über mich noch nicht weiß? Ein Staatenbündnis, in dem wiederum das eigene Volk, das eigene Völklein ein Wert ist, der es nicht nötig hat, sich selbst zu bestätigen, da es die andern tun.

Rede ich von meinem Land? Ich rede von einem Land, das es nicht gibt und das doch keine Utopie sein darf. Utopien sind nicht haltbar, so viel haben wir erfahren, denn die Praxis dieser Utopien war ein einziger fürchterlicher Beweis gegen ihre Erlaubtheit. Ich rede von einem Land, in dem Georg Büchners Satz noch *über* der Verfassung steht: »Geht doch euren Phrasen einmal nach bis dahin, wo sie verkörpert werden.« Wäre es, liebe slowenische Freunde, nicht auch Ihr Land, Sie hätten mir diesen Preis nicht gegeben: einen europäischen Preis. Wenn er mich nicht beschämen soll, muß meine Dankrede jetzt etwas herunterkommen, in die Nähe blutiger Tatsachen, auf das Schlachtfeld Europas und seiner Hoffnungen. Hier, wo wir feiern, ist zwar kein Krieg; das ist ein Geschenk. Ein annehmbares Geschenk? Es ist kein Geschenk des Friedens. Wie können wir gerade hier, als Europäer, nicht vom Krieg reden? Und wie halten wir es aus, vom Krieg zu reden, immer nur zu *reden*?

Unsere Länder, Slowenien und die Schweiz, haben verschiedene Geschichten. Beide waren einmal Teil eines großen alten Reiches, das die unterschiedlichsten Völker vereinigte. Mein Land hat sich von diesem Reich schrittweise gelöst, endgültig vor 350 Jahren, und hat doch fortgefahren, ihm in einem Punkt zu gleichen; denn die Schweiz blieb – bis heute – ein kleiner Vielvölkerstaat. Um zu funktionieren, bedurfte er langer Gewohnheit und einer bestimmten politischen Kultur. Als Eine und unteilbare Nation, aber auch als Blut-und-Boden-Volk hätte er nicht funktioniert. Die Schweiz bedurfte für ihr Dasein einer Idee – oder doch eines Willens –, der wenigstens *etwas* größer war als sie selbst. Zum Glück ist sie ein kleines Land. Sie hatte überhaupt viel Glück. Aber daß Glück und Wille vorhalten – dafür gibt es keine Gewähr; heute, scheint mir, noch etwas weniger als gestern.

Auch die Slowenen waren, nur viel länger, bis zum Ende des Ersten Weltkriegs, Teil eines Vielvölkerreiches. Nach dessen Zusammenbruch wurden sie Teil eines Vielvölkerstaates. Dabei fühlten sie sich selbst als Volk, das endlich sein Recht suchte. Denn im jugoslawischen Vielvölkerstaat fanden sie es offenbar noch weniger als im alten Kaiserreich, das, je länger es her war, desto mehr fast wie ein Monument des alten und eine Vision des neuen Europa aussah. »Mitteleuropa« nannte sich das freundliche Gespenst, dessen Anziehungskraft, denke ich, vor allem darauf beruhte, daß es über die Todesstreifen des Kalten Krieges so spielend hinwegschwebte. Da fühlten sich auf einmal Prag und Triest, Ljubljana und Bratislava, Budapest und Bozen einig gegen eine unmögliche Teilung der Welt. Das kakanische Gespenst erinnerte sie an gemeinsame Gewohnheiten, die *Lingua franca* des alten Jugendstils, des noch älteren Maria-Theresia-Gelb. Aber das hieß keineswegs, daß Ljubljana je wieder Laibach heißen wollte, oder Bratislava Preßburg. Nach der großen Wende 1989 verblaßte das nostalgische Mitteleuropa immer mehr zugunsten des potenten Westeuropa. Und in dieses, das nicht Vergangenheit vorgaukelte, sondern Zukunft und Prosperität versprach, wollten Sie keinesfalls als Jugoslawen eintreten, sondern als Slowenen. Und nicht nur als Volk, sondern als unabhängiger Staat. Und nicht als Vielvölkerstaat, sondern als Eine und unteilbare Nation.

Verschiedene Geschichten; verschiedene Hoffnungen. Hier und heute machen sich die Differenzen empfindlich bemerkbar. Denn der Weg der Schweiz nach Europa – wenn sie ihn dennoch finden sollte – kann nicht der Weg der Slowenen sein. Es wäre der Weg Bosniens. Wo aber liegt Bosnien?

Es gibt ein Sprichwort: »Im Haus des Henkers spricht man nicht vom Strick.« Aber es gibt einen zwingenden Unterschied zwischen Sprichwort und Literatur. Im europäischen Haus *muß* man vom Strick sprechen, denn das Hängen geht weiter. Den Strick hat Grillparzer, ein großer europäischer Schriftsteller, mit zwei Worten abgemessen: »von der Nationalität zur Bestialität«. Das hörte sich in der alten Donaumonarchie wie ein reaktionärer Satz an. Davon wurde er leider nicht unprophetisch. Er richtete sich ja auch nicht nur gegen Tschechen oder Kroaten, sondern gegen Bismarcks kleindeutsches Reich und seinen Anspruch, zum alldeutschen zu werden. Er richtete sich gegen die verspätete Nation *par excellence*, die – das wissen wir heute besser – ihre Verspätung dadurch wettmachte, daß sie Europa in Trümmer legte. Natürlich auch dies im Namen Europas – der sogenannten »Festung Europa«; erinnern Sie sich noch? Europa wird immer dann am sichersten kaputtgemacht, wenn man es zur Festung erklärt. Zum Glacis der einen Herrennation, ihrer Nationalität, ihrer Bestialität. Das flurbereinigte, das ethnisch von Juden, Homosexuellen, Kommunisten, Zigeunern gesäuberte Europa – erinnern Sie sich noch? Leider brauchen wir uns nicht zu erinnern. Wir brauchen nur zu sehen. Fernzusehen? Näher geht's nicht mehr. Die Säuberungen von einst gehen weiter. Die Nationalität setzt sich an die Stelle der Zukunft. Die Bestialität ist ungebrochen.

Dieses Europa, diese »Nation Europa«, war, hofften die zivilisierten Menschen, 1945 am Ende, abgedankt für immer. Heute sehen wir: der Kalte Krieg hat die Nationalitäten unter seinem Eis frischgehalten. Wieviel Gewalt muß in diesem Ost-Block festgefroren gewesen sein! Denn als die Blöcke tauten, konnten die Völker nicht frei werden ohne diese Gewalt.

Der Kalte Krieg hat auch uns Linke im Westen grausam naiv gemacht. Wir träumten doch damals unermüdlich von einem sogenannten Dritten Weg. Wie blickten wir damals nach Jugoslawien – zeichnete sich hier nicht ein anderer, ein menschlicher Weg zum Sozialismus ab? Das sogenannte jugoslawische Modell, räterepublikanisch, aus selbständigen Produktionseinheiten zusammengesetzt, genossenschaftlich, libertär? An solche Wunder wollten wir glauben, wir Linken im Westen.

Habt ihr in Slowenien selbst denn nie daran geglaubt?

Das ist Geschichte – und sie kann nicht wahr gewesen sein. Denn die Völker haben sie Lügen gestraft. Nach Jahrzehnten der Unterdrückung, Jahrhunderten der Abhängigkeit, verlangten sie, was sie ihre Unabhängigkeit nannten – wenigstens staatliche Unabhängigkeit. War sie nicht fällig genug? Wer wäre so herzlos zu sagen, es gebe sie nicht?

Den alten Stammgästen Europas steht es nicht an – denen, die schon lange am gedeckten Tisch sitzen und die Plätze unter sich ausgemacht haben; ohne zu wissen (und wissen zu wollen), wieviel sie, vielleicht auch noch mit Gönnermiene, unter diesen Tisch hatten fallen lassen. Sie kannten ja die neuen Gäste nicht einmal mit Namen, die sich plötzlich, nur mehr oder weniger gebeten, an ihren Tisch setzten. Sie kannten ihre Geschichten nicht; sie verbanden kaum eine Vorstellung mit den Orten, von denen sie herkamen.

Das hat sich geändert: inzwischen weiß man auch in Paris und New York, wo Grosny liegt oder Berg-Karabach; und fast jedes Kind kann mit dem Finger auf einen Ort namens Srebrenica zeigen, oder Knin, oder Banja Luka. Diese Orte sind identifizierbar, seit neue Nationen ihre Identität behaupten – identifiziert zum Beispiel als Schutzzonen, die der Auslieferung dienen; oder als Schlachtfelder und Massengräber. Die neuen Nationen produzieren das alte Elend.

Wer darf mit ihnen streiten? Und wer geht dafür womöglich selbst in den Krieg?

Aber: wer will nicht wahrhaben, was er sieht?

Slowenien, die neue Nation, das alte Volk, hatte, wenn das Wort hier erlaubt ist, Glück. Seine Auseinandersetzung mit Jugoslawien war kurz und nicht allzu blutig. Eine erfolgreiche Absetzung; für die Freunde Sloweniens – und im Ausland schien es fast nur Freunde zu haben – eine überaus begreifliche Absetzung, begrüßt mit Sympathie. Die Anerkennung, diplomatisch wie moralisch, ließ nicht auf sich warten. Ihr Staat umfaßte ein einiges, einheitliches Volk; hier wächst kein Boden für ethnische Säuberungen. Darin – darin am meisten – sind Sie das glücklichste Volk des ehemaligen Jugoslawien.

In diesem Glück, nicht nur in ihrer schönen Berglage, haben unsere Länder etwas Verwandtes. Verzeihen Sie mir, wenn ich mich über diese Verwandtschaft nicht ungetrübt freuen kann. Denn wie könnte ich stolz sein auf eine Schweiz, die sich, wie Pilatus, die Hände wäscht und am Unglück der Welt nicht schuldig sein will? Auch wenn das Plädoyer der Unschuld noch so plausibel klingt: es fehlt mir etwas daran.

Ich selbst bin kein Bürger einer Nation. Der Sieg einer Nationalität wäre das Ende des Landes, das ich liebe. Wenn ich Schweizer bin, dann nur als Bürger eines *Bundes*, einer freien Föderation der Ungleichen. Das heißt, im tiefsten Herzen bin ich auch nicht Bürger eines Staates, sondern Teilnehmer einer Gesellschaft; einer Gesellschaft, die an Unterschieden, Widersprüchen, Konflikten wächst und nicht zerbricht. Europa ist für mich der Name für eine Vereinigung solcher Gesellschaften.

Mein geteiltes Herz ist gern und dankbar hier bei Ihnen in Lipica. Mein Herz aber, das nicht geteilt werden darf, wird in Sarajevo zerrissen. Das Blut dazu wird von andern vergossen. Ich habe es bequem.

Aber so bequem darf ich es mir nicht machen, daß ich den Preis nicht kennen will, der mit Ihrem schönen Preis verbunden ist. Belgrad ist nicht mehr Ihre Hauptstadt, Brüssel ist noch nicht die meine. Aber als Bürger Europas, an das wir glauben, haben wir jetzt eine gemeinsame europäische Hauptstadt: es ist immer diejenige, wo Europa geschlachtet, vergewaltigt, ethnisch gesäubert wird. Die Zukunft dieses Europa liegt in Goražde, in Tuzla. Denn es liegt an uns, ob es diese Zukunft gibt; eine gemeinsame Zukunft für Menschen verschiedenen Glaubens, verschiedener Kulturen, verschiedener Geschichten. So verschieden, wie Slowenen und Schweizer sind und sein dürfen, glücklicherweise. Sie, das einige Volk, das seinen Staat bildet; die Schweiz, ein Staat, der sich immer neu dazu bilden mußte, kein Volk zu sein. Ich weiß nicht, ob Europa, ob die Gesellschaftsfähigkeit unseres Erdteils gelingt. Aber ich bin sicher, daß es nicht gelingt, wenn wir Bosnien unserer Bequemlichkeit opfern.

Sie werden mir nicht zürnen, wenn ich Ihren schönen Preis, einen europäischen Preis, weiterreiche nach Europa, das heißt, einem Flüchtlingslager in Slowenien zuwende. So bleibt dieser Preis in Ihrem Land; in unserem Land.

4

Von der »intimen Tragik« der Schweiz

Der einst berühmte Weltenbummler und Völkerpsychologe Hermann Graf von Keyserling verwendete in seinem *Spectrum Europas* (1928) nicht allzuviel Raum auf die Schweiz. Immerhin gönnt er ihr einen Superlativ, der heute immer noch aufhorchen läßt: »Unter den Völkern bietet meines Wissen kein zweites solch Beispiel intimer Tragik wie das Schweizer Volk.« Tragik – das klingt eher unschweizerisch, aber die Betonung liegt auf »intim«. Das Elend besteht eben darin, daß die Tragik nicht zum Durchbruch kommt. »Sie sind«, so Keyserling, »nicht mehr die Pioniere und Protagonisten der europäischen Freiheit. (...) Die Schweizer sind ihrer heutigen Stellung gar nicht angepaßt. Sie halten nicht nur nach wie vor auf rührende Weise daran fest, daß das Althergebracht-Eidgenössische vor allem zählt: sie halten sich als Nation und Idee für vorbildlich. In den Augen der gesamten übrigen Welt existieren sie aber heute ausschließlich als Wirtsvolk und Wirtsland im weitesten Verstand. (...) Das Schweizerisch-Völkische erfordert einen so engen Rahmen, daß jede Erweiterung desselben, schon gar jedes Heraustreten aus ihm, das Positive des Urbilds zerstört.«

Natürlich hat dieses Urteil unsere geistigen Landesverteidiger nachhaltig erbittert – am 6. Dezember 1992 haben sie es selbst unterschrieben, das »Schweizerisch-Völkische« nicht einmal abgerechnet. Das Nein zum Europäischen Wirtschaftsraum war ein Reflex der Platzangst – er bedurfte kaum der Rationalisierung und gab sich darum für die konträrsten und abenteuerlichsten Besetzungen her. Der Großimporteur japanischer Kleinwagen, der hemdsärmlige Populist aus dem Heidiland und der als Alphirt verkleidete Faschist vereinigten ihr NEIN mit demjenigen der kleinen feinen Grünen, des Radikaldemokraten Andi Groß, des alt-68ers Otto F. Walter und des im Silserseewasser neugeborenen Urschweizers Thomas Hürlimann. Den Gebildeten unter den Verächtern Europas darf man immerhin unterstellen, daß an ihrem kurzen Atem nicht nur die Platzangst beteiligt war, sondern auch ihr Gegenteil: Klaustrophobie und Atemnot. Nur orteten sie die Ursache diesmal im europäischen Supermarkt, seinem naturfeindlichen Klima und seinen unsittlichen Verkehrsverhältnissen, und riefen dagegen unsere Berge an, in denen sie gestern eher das Brett vor dem Kopf gesehen hatten. Auf einmal aber entschlüpften enttäuschten Linken und gestandenen Kosmopoliten wieder Töne des Heimwehs, mit denen Rauschebärte des letzten Jahrhunderts ihre heile Welt besungen hatten: »Dem Älpler nehmt die Berge / Wohin soll er dann ziehn? / Paläste sind ihm Särge / Drin muß er fern verblühn, fallera, drin muß er fe-hern verblühn.«

So viel zum Generalbaß der Männerchor-Schweiz – Keyserlings böse Ohren haben darin schon Obertöne und Nebengeräusche gehört, die zum stillen Glück der Freien nicht passen wollten. Die »intime Tragik« läßt sich ja nur so verstehen, daß der Heil-Ruf für Helvetia mit sich nicht im Reinen ist und darum desto heftiger und notfalls aggressiver ausgestoßen werden muß. Die verheimlichte Dissonanz steckt in der Exklusivität – aus Besitzangst aber sind keine Heldenrollen zu schöpfen, und die auf Ein Land beschränkte Freiheit ist ein Widerspruch in sich selbst. Die wirkliche Freiheit hatte gegen die Paläste einmal etwas Solideres einzuwenden gehabt, als daß sie als Treibhäuser für Alpenflora nicht taugten. »Friede den Hütten, Krieg den Palästen« – der Mann, der im *Hessischen Landboten* diese Parole ausgegeben hatte und dafür von seinen Fürstenknechten steckbrieflich gesucht wurde, Georg Büchner, hatte in der Schweiz etwas Stärkeres gefunden als den Schutz der Berge – eine Freiheit, die übrigens auch sein Gastland allerhand kostete. Es beobachtete damals noch nicht jene Neutralität, von der Keyserling sagen konnte, daß zwischen ihr »und dem Schiebertum jede feste Grenze« fehle – es gab eine Grenze des Schiebens, auch des Abschiebens von Gesinnungsbürgern mit anderem oder keinem Paß.

Die Schweiz als Stützpunkt einer *europäischen* Freiheit – offenbar bewirkt die erfolgreiche Verdrängung dieses Geschichtsanteils die »intime Tragik«, von der Keyserling bis zur »körperlichen Verbildung«, dem »Schönheitsmangel«, die Schweizer bedrückt sieht. Sie wollten nicht wissen, daß sie zwar noch in ihren Bergen leben, aber nicht mehr auf der Höhe ihres europäischen Berufs. Das Asyl wurde zum Réduit, der Umbruch von 1848 zur Institution, das Glück zum Privileg und zum Gegenstand der *Behauptung*. Keyserling: »In der Schweiz nun mag es noch so wechselnd gehen, institutionell und moralisch ist sie dermaßen saturiert, daß ihren Bewohnern die bloße Idee eines möglichen Fortschritts im großen über ihren Zustand hinaus widersinnig vorkommt.«

Doch es kommt noch besser. »Sicher äußerte sich die schweizerische Verkrampftheit nicht so, wenn die Schweizer nicht Deutsche wären. Das sind sie nun so sehr, daß das nationale Schweizertum als Karikatur des Deutschtums am besten zu bestimmen ist.« Und das ein halbes Jahrhundert vor Peter Bichsel, der auch die Deutschen als die besten – und jedenfalls patentesten – Schweizer beschrieben hat, weil wir an ihnen all die Eigenschaften abstrafen, die wir an uns selbst nicht mögen. An dieser Stelle liegt natürlich ein verschwiegener, aber wirksamer Grund für das Nein zum Europäischen Wirtschaftsraum begraben. Wirtschaftseuropa: das ist Deutschland, was denn sonst? Also mußte er sein, der tapfere Schnitt ins eigene Fleisch.

Und was ist mit den Romands? Keyserling: »Die erst spät dazu gekommenen Welschen sind nur angeschweizerte Romanen. (…) Die französischen Schweizer sind ihrer Wesensart nach französische Protestanten [das wird man in Fribourg besonders gern gehört haben, A. M.] aus besonders enger Provinz. (…) Sie fühlen sich eben sowohl als Franzosen wie als Schweizer nicht ganz sicher.« Völkerpsychologie nach Gutsherrenart. Und doch: vielleicht enthält sie mehr als ein Körnchen salziger Wahrheit. Wie das Nein der deutschen Schweiz gegen das Deutsche im Schweizer gesprochen war, könnte das solide scheinende Ja der Romandie eingegeben sein vom Nein gegen die eigene unsichere Identität. Keine Franzosen, nicht recht Schweizer – warum dann nicht gleich etwas Großartiges: Europa?

Zum Komplexen dieser Befunde paßt es, daß wir die Schweiz, nach jener Jahrhundertabstimmung, in einem merkwürdigen Zustand kollektiver Unschlüssigkeit vorfinden – als könnte sie sich selbst nicht recht zum Wahrhaben ihrer Entscheidung entschließen. Die Welle, die einen Blocher hochgetragen hatte, hat sich verlaufen; aber auch die Verzweiflung der Ja-Sager: gedämpft. Als käme es so oder so nicht auf unser Votum an. Es ist nichts Souveränes mehr an diesem Souverän. Die Züge, die da abgefertigt werden, haben auf keinen Kellenschwinger in Schweizer Uniform gewartet. Das Nein wie das Ja ist bei fast allen Beteiligten eine Sache so vieler halber und geteilter Gefühle gewesen, daß die Addition dieser Stimmen eher einem Gemurmel gleicht. Haben die Ja-Sager zu Europa ja gesagt, oder nein zu einer bestimmten Schweiz – und welcher? Und: welcher Neinsager hat nicht gegen einen Teil seines besseren – oder schlimmeren – Wissens demonstriert? Im Grund war das Stimmenzählen ein *acte gratuit*. Der beschlagene Spiegel ließ gar kein Gesicht erkennen. Oder ärger: der deutliche Spiegel ein verwaschenes, ja verlorenes Gesicht.

Zum Glück haben wir da noch unsern Gutsherrn: er hat nämlich einem Staatswesen, das in ein Niemandsland der Identität geraten ist, Trost zu bieten, skurrilen, aber vielleicht nicht unsoliden:

»Die heutige Schweizer Selbstgerechtigkeit muß sich in echte Bescheidenheit verwandeln. Die Schweiz muß einsehen, daß auch auf ihrem Boden die alte Zeit um ist, und daß sie neu werden muß. (...) Die Schweizer waren in den letzten Menschenaltern ein Volk der kleinen Leute. Sind sie dies wesentlich, dann dürfen sie nur das wollen, was kleinen Leuten ziemt. Und als solche können sie eine richtige Menschheitssendung haben. Ein sehr großer Teil aller Menschen gehört diesem Typus an: deren Rechte zu vertreten, wäre eine ganze Nation dieses Typs besonders berufen.«

Also: Kleinbürger aller Länder – und das heißt ja wohl: Neidhammel, Übelnehmer, Versicherungsfanatiker, Berufspharisäer, Rechthaber – vereinigt euch unter der Schweizer Flagge! Viel Glück: aber selbst zu dieser Schrumpfform einer weltpolitischen Mission haben wir Verwöhnten und Verschleckten noch einen weiten Weg, denn »leider steht die schweizerische Öffentliche Meinung gerade in dieser Zeit wie nie vorher unterdrückter Minoritäten auf der Seite der Großen und Mächtigen«.

Ach, Herr Graf: 1928 haben Sie unseren entschlossenen Widerstand gegen Hitler noch nicht gekannt. Da standen wir den Felsen gleich, froh noch im Todesstreich – der uns erspart blieb, bedienten wir doch, das Schwert in der einen Hand, mit der andern die Devisendrehscheibe, fertigten versiegelte Züge durch den schwer befestigten Gotthard ab und ließen auch den Rubel rollen... jedenfalls wenn keine härtere Währung im Angebot war.

Zum Glück will heute nicht einmal die Linke mehr so genau wissen, was die Rechte damals tat. Rechts und Links sind im Kulissenwechsel der Postmoderne ja ohnehin Orientierungsmarken ohne Wert geworden. Sind wir noch solvent genug, dem gräflichen Schweiz-Beobachter einen letzten Gefallen zu tun?

»Ich hoffe, daß alle Pharisäer, alle Philister, alle Bourgeois, alle Humor- und Witzlosen sich so recht von Herzen ärgern möchten.«

Gemeint ist: über sein Buch, das *Spectrum Europas*, 1928. Damals konnte er sich noch auf uns verlassen, wenn er schrieb: es gebe »heute keinen schlimmeren Pharisäer als den begüterten, gebildeten und« – hören Sie gut zu – »und zumal den schreibenden Schweizer«. Darauf konnte man damals noch mit einem klaren, einem ganz klaren Nein erwidern, Herr Graf Keyserling. So nicht!

Aber: wie denn? Ich fürchte, heute reicht uns nicht einmal mehr der größte Ärger zur Herstellung von Identität. Der Herr Graf beliebten sich über die Schweiz zu amüsieren und vermißten ihre Heiterkeit. Liegt es daran, daß es an seinen schlechten Witzen zu viel Korrektes gab?

5

Im Namen einer Mitbürgerin

Das Datum, zu dem die Stadt Darmstadt diesen Preis verleiht, fällt zum ersten Mal nicht mehr auf den 17. Juni. Die deutsche Einheit ist kein Erinnerungsstück mehr; sie läßt an Realität nichts mehr zu wünschen übrig. Dafür fehlt ihr, scheint es, zur Selbstverständlichkeit noch allerhand. Ich glaube, das ist ein gutes Zeichen. Denn zum Selbstverständlichen gehört ja auch, daß man sich selbst versteht. Und damit haben viele gewissenhafte Deutsche wieder ganz neu angefangen.

In dieser Zeit umfangreicher Datenverschiebung fällt es Ihrer Jury ein, einen Schweizer mit ihrem Preis zu beehren. Sie gibt ihm zu verstehen, es sei nicht minder ein politischer als ein literarischer Preis. Sie verpflichtet mich damit, mir – und Ihnen – Rechenschaft zu geben von meinem Verhältnis zu Deutschland, zum Deutschen. Ein starkes Stück, denn wir begeben uns auf sensibles Terrain, das laute Töne so wenig verträgt wie heftige Bewegungen. Ich müßte, wie so mancher Vorgänger, auf diesem Minenfeld umkommen, hätten Sie mir nicht einen Talisman mitgegeben, der mit der Gefahr auch das Rettende wachsen läßt: den Namen Ricarda Huch.

Ich wüßte keinen deutschen Menschen, der die Schweiz besser begriffen, exakter geliebt hätte als Ricarda Huch. 1887 ist sie als 23jährige nach Zürich gekommen, die erste Stadt deutscher Sprache, wo eine Frau studieren konnte – freilich nicht, ohne dafür erst die Maturitätsprüfung abgelegt zu haben. Ihre Dissertation hat sie über das schweizerischste mögliche Thema verfaßt: die Neutralitätspolitik während des Spanischen Erbfolgekriegs. Nach der Promotion kehrte sie nicht gleich nach Deutschland zurück, sondern fand ein unscheinbares Pöstchen an der Stadtbibliothek. Die halbe Stelle nötigte sie – erlaubte ihr –, in einer Privatschule Deutsch zu unterrichten, womit sie später an einer städtischen Schule für höhere Töchter fortfuhr.

Bescheidener könnten die Anfänge einer Frau nicht aussehen, die Thomas Mann später die Erste Deutschlands, »vielleicht Europas« nennen wird. Aber: welcher Reichtum an *Welt* überglänzt dieses Zürcher Jahrzehnt! *Frühling in der Schweiz* – so der Titel ihres Erinnerungsberichts – ist ein Pleonasmus, eine übermütige Tautologie. Welche Freundschaften – mit Frauen vor allem, Studentinnen aus ganz Europa, man wundert sich, Rosa Luxemburg noch nicht unter ihnen zu begegnen; welche Feste, welche Arbeit, zuerst an der eigenen Person! Keine gleichgültige Adresse; jede Zimmerwirtin ein Schicksal, jeder Lehrer – nicht nur an den beiden jungen Hochschulen – ein Charakter, eine Quelle der Wissenschaft und des persönlichen Wachstums für die werdende Schriftstellerin. »Andere haben ihren Goethe, ihren Schiller, wir haben unsere Huch« – diesen Spott aus Liebe hörte die Anfängerin im Hause Reiff, wo sie wie eine Tochter verkehrte; demselben Haus an der Tödistrasse, wo Thomas Mann seinem Leverkühn einen

Blick auf das unerlaubte Menschenglück gegönnt hat. Huch erzählt: »(...) daß Reiff reich war, konnte man ihm nicht ansehen, er trat nicht gern hervor, und auch wenn er selbst Gesellschaft gab, stand er am liebsten abseits wie der belanglosesten Gäste einer.« Oder: »Hermanns Grundsatz war, nur dem zu helfen, bei dem die Unterstützung gut angewendet wäre, dem aber gründlich beizustehen.« Das ist *bestes* Zürich – wie dasjenige der Trödelhexe Frau Margret im *Grünen Heinrich*, deren Förderung durch Gnadenwahl nicht ganz anders funktioniert als die reformierte nach Verdienst.

Die Studentin hat den ehemaligen Staatsschreiber noch leibhaftig zu seiner letzten Wohnung am Zeltweg »klein und gebückt hinstapfen« sehen – die stumme Begegnung wurde ihr zur lebenslänglichen. Und doch hat Keller in jener Zeit *Martin Salander*, den Herbstroman seiner Republik, geschrieben, welche die junge Frau im »Frühling« erlebte. Oder: ein halbes Jahrhundert später so erlebt haben *wollte*? Denn das Erscheinungsdatum der Erinnerung lautet: 1938. Huch erzählt, wie sie mit dem Hochmut der Reichsdeutschen in Zürich ankam: »Sollten sie kalmückisch oder tatarisch sprechen? Wahrscheinlich war das bei ihrem durchaus europäischen Aussehen und Verhalten nicht« – und: sie erzählt, wie die Erfahrung ihr Vorurteil umgekehrt hat. »Ich fühlte mich in Zürich so zu Hause, daß die ersten hochdeutsch gesprochenen Worte, die ich hörte, wenn ich vorübergehend nach Deutschland kam, mich fremd und peinlich berührten: die Sprache wie die Gesichter kamen mir flacher, verschwommener vor als in der Schweiz.« Das war, 1938, die Methode von Tacitus' *Germania* – Hitler-Deutschland sollte seine politische Verblendung auf der Folie dieses gelobten Ländchens mit Händen greifen. »Im damaligen Deutschland konnte man nur entweder Beifall klatschen zu dem, was die jeweiligen Regierungen anordneten, oder schweigend und verärgert, von allen verketzert, beiseite stehen.« Im *damaligen* Deutschland? Wer lesen konnte, wußte es besser und schlimmer.

Die Schweiz – das *andere* Deutschland? Damit stehe ich schon mitten auf dem Minenfeld, denn für diese Gleichung würden mich *meine* engeren Landsleute zerreißen. Auch wenn sie ihrer Identität heute fast so unsicher sind wie die Deutschen – daß sie jedenfalls *keine* Deutschen sind, daran halten sie sich fest. An dieser Stelle hilft nur: noch weiter zu gehen – im Schutz meines Talismans.

Warum hat Ricarda Huch das »geliebte Zürich«, »ihre« Schweiz so verklärt? Zuerst gewiß, weil ihr eine so un-deutsche Rarität begegnete: Republikaner, die konservativ gestimmt waren; Demokraten, so in aristokratischer Wolle gefärbt, daß sie ihre Geschichte wirklich kannten und gewohnt waren, »schon aus dem Namen einer jeden (Familie, A.M.) zu schließen, aus welcher Gegend sie stammte«; Bürger, deren Stolz das Pathos ebenso verachtete wie die Übertreibung. Der Kehr-Reim dazu lautete für die Deutsche immer gleich: »Wie anders war es bei uns.« Aber den tiefsten Grund für ihre Passion spüre ich in der Bemerkung, dies alles rühre daher, daß »Deutschland von den Ideen und Formen des alten Reiches mehr abgewichen war als die Schweiz«.

Dieses Lob würde meine Landsleute sprachlos machen. In der Schule haben sie gelernt, Schweizer Geschichte als gleichsam nie endende Trennung vom deutschen Reich zu verstehen. Im Grunde halten sie schon 1291 für das Datum ihres republikanischen Abfalls. Das ist natürlich so unhistorisch wie möglich, und man könnte es auch in Schillers *Tell* anders gelesen haben. Die Reichsfreiheit, welche die Alten Eidgenossen verteidigten, war ein kostbares Pfand kaiserlicher Interessenpolitik. Es verpflichtete die Begünstigten geradezu zur wirksamen Selbstverwaltung, damit das Reichsland nicht in feindliche Hände fiel. Nur im Zeichen dieser Reichsfreiheit wurde möglich, daß sich Bauern und Bürger – die genossenschaftlich und aristokratisch organisierten Länder und die zünftisch regierten Städte – so nachhaltig zusammenschlossen, bis sie jene Klammer faktisch entbehren konnten. Die grundverschiedenen, dann auch konfessionell getrennten alten »Orte« entwickelten mit Hilfe gemeinsamer Neutralitätsinteressen jenen Minimalkonsens, der ihnen die *supranationalen* Formen des Spätmittelalters im Kleinen bewahrte, während sich das übrige Reich auf den langen, mit Katastrophen gepflasterten Weg zur Nation begab. Die Schweiz, wahrlich nicht die älteste Demokratie, ist viel eher das bestkonservierte Relikt des Römischen Reiches – und das einzige, dem es beschieden war, Traditionen alter Selbstbestimmung einigermaßen selbstbestimmt weiterzuentwickeln. Diese Witterung ist es, welche die Historikerin Ricarda Huch in ihrem Gastland aufgenommen hat. Diese »Schweiz« hat sie in ihren deutschen Städteporträts, aber auch in den europäischen Charakteren ihrer Romane und Studien wieder aufgesucht; diese »Schweiz« hat sie bei ihren geschichtsvergessenen Deutschen 1938 – mit hohem persönlichen Risiko – angemahnt und eingefordert. Denn die zeitgemäße Form der Reichsfreiheit, die Ricarda Huch meinte, ist der Bürgersinn, die Zivilcourage.

Übrigens: damals in Zürich wollte sie auch Schweizer Bürgerin werden und wäre es fast geworden – es hat nur an einem Papier gehangen. Ihr Vater, der Braunschweiger Kaufmann, wie Martin Salander nach Brasilien ausgewandert, aber nicht lebend zurückgekehrt, blieb der Tochter die nötigen Dokumente schuldig. Schöne Ironie: weil sie nicht beweisen konnte, daß sie Deutsche war, konnte sie nicht Schweizerin werden. Auch Deutsche geblieben ist sie nur aufgrund einer eidesstattlichen Erklärung ihrer Verwandtschaft, nachdem sie – »*quo dii vocant eundum*« – ihr Zürich denn doch noch verlassen hatte, um in Bremen zu unterrichten – bis auf weiteres, denn jetzt wurde sie immer mehr, was sie war. In der deutschen *Literatur* hat sie ihre gültigsten Papiere hinterlegt. Nun bleibt zu fragen, auf welches Land ihr endgültiger Bürgerbrief lautet. Auf Europa? Auf Weltbürgerschaft?

Ich versuche, auf einem Huchschen Umweg zu antworten: über das Marburger Religionsgespräch 1529. Da beendete Luther gegenüber Zwingli die Hoffnung auf Konfessionseinheit mit dem bekannten Wort: »Ihr Schweizer habt einen andern Geist als wir.« Was immer dieses Scheidungsurteil theologisch sagen wollte: politisch bedeutete es, daß sich der neue Glaube in Deutschland Zwei Reiche einrichtete. Eins stellte er der Obrigkeit anheim, das andere übertrug er dem persönlichen Gewissen. Das erste Reich verlangte Gehorsam, auch wenn die Obrigkeit – was den Theologen Luther nicht erschüttern konnte – des Teufels war. Im andern, innern Reich aber blieb die Seele mit sich und ihrem Gott allein.

Für den historischen Blick war das die Spaltung der Welt in einen öffentlichen Raum, über den die Autorität gebot, und einen privaten, wo die Freiheit zugleich blühte und litt – die Freiheit des Herzens, der Kunst, des Genies. Der in Marburg verabschiedete Zwingli aber hatte sich die Einheit seiner Welt nicht wegdisputieren lassen; und auch darin wurzelte sein vergleichsweise modernes Glaubensverständnis in einem älteren Boden. Der Ort des Einen Glaubens war und blieb die *Gemeinde* – die Gemeinde der Ecclesia, aber auch die humanistische der Polis. Die *Res publica* bleibt Gottesstadt; der Ort des persönlichen Heils soll nicht zu trennen sein vom Ort des gemeinen Wohls. Nur in der Gemeinde und durch die Gemeinde wird einer zum Kosmopoliten, wenn man das Wort aus seinem griechischen Ursprung versteht. Denn die Polis, wohl geordnet, ist auch ein schöner, ein schmuckhafter Ort. Und umgekehrt: ob es im einzelnen Leben gut bestellt sei, zeigt sich an seiner Wirkung auf das Gemeinwesen. Die Republik als das Jüngste Gericht ihrer Bürger: wenn Keller mit seinem Antipoden Gotthelf in einem Punkte einig war, dann in diesem.

Ricarda Huch hat in Zürich noch dieses Kosmopolis erlebt, als der Schöpfer Seldwylas schon Monopoly am Werk sah. Die Kennerin der Glaubensspaltung, des Dreißigjährigen Kriegs und der Romantik wollte ein Reich in dieser Welt und von dieser Welt. Von ihrem Bürger erwartete sie, daß er, jeder an seinem Platz, Welt nicht nur suche, sondern verwirkliche: das heißt, mit andern. Und das heißt auch: mit *wirklich* Andern. Der Andere, mit dem zusammen ich erst Welt bin, ist gleichen Rechts wie ich; *darum* muß er mir nicht gleichen. Und: in Gottes Stadt ist es damit nicht getan, daß ich ihn toleriere – auch Respekt ist nicht genug. Ich muß wissen, daß ich ihn brauche; darf erfahren, daß ich ihn liebe.

Ricarda Huchs gerechte Gesellschaft kann danach nur der Bund sein, die Föderation selbstbestimmter Welten, die ihren Eigen-Sinn freundschaftlich vergleichen. Der Bund allein schafft jene republikanische Festtagslust, die das *Fähnlein der Sieben Aufrechten* feiert: »Wie kurzweilig ist es, daß es nicht einen eintönigen Schlag Schweizer, sondern daß es Zürcher und Berner, Unterwaldner und Neuenburger, Graubündner und Basler gibt, und sogar zweierlei Basler! Daß es eine Appenzeller Geschichte gibt und eine Genfer Geschichte! Diese Mannigfaltigkeit in der Einheit, welche Gott uns erhalten möge, ist die rechte Schule der Freundschaft (...)!«

Lange – zu lange – hat die bildliche Fortsetzung des Risses von Marburg ausgesehen wie die reale und unüberwindliche Grenze zwischen Deutschen und Schweizern. Ein typisches Erlebnis des »Fremde(l)ns« bedichtet der junge Keller in einem seiner *Rhein- und Nachbarlieder*:

> Wohl mir, daß ich dich endlich fand,
> Du stiller Ort am alten Rhein,
> Wo ungestört und ungekannt
> Ich Schweizer darf und Deutscher sein!«

Und dann das dicke Ende vom Lied:

> Da raschelt's drüben, und der Scherg,
> Zweifärbig, reckt das Ohr herein –
> Ich fliehe rasch hinan den Berg,
> Ade, du stiller Ort am Rhein!

Der Berg, zu dem ich selbst als Kind vor deutschen »Schergen« zu fliehen gelehrt wurde, war der Gotthard – das Herzstück der Schweiz, zur Festung ausgebaut. Eine Mehrheit meiner Landsleute – eine *schwache* Mehrheit, wie die Europa-Abstimmung vom Dezember 1992 gezeigt hat – verharrt auch heute noch in dieser Festung, obwohl – oder weil – sie an ihre Haltbarkeit selbst nicht mehr glaubt. Aber die Zeit ist nahe, und die Hoffnung fällig, daß die Eidgenossen ihr Urgebirge wieder als Übergang sehen (wenn auch nicht gerade für 40-Tonner) und als Ursprung der Ströme entdecken, die sich in drei Himmelsrichtungen ergießen: ins Deutsche, Französische, Italienische. Aber das sind ja zugleich unsere drei Landessprachen – sollten gerade sie uns von Europa trennen? Dann verstünden wir uns ja selbst nicht mehr.

Gemach! höre ich Ricarda Huch sagen, die große Nachhilfelehrerin. Ströme, Grenzen, Geschichten dürfen sein, keine Grenze kommt von ungefähr. Europa kann keinen Pfusch gebrauchen, Ignoranz – auch hochherzige – macht keine Kosmopoliten, auch sie übt Gewalt. Wie steht es mit dem Respekt vor dem Andern in der Schweiz: der andern Sprache, dem andern Geschlecht, der andern Generation? Der Anspruch des Andern auf Würdigung ist ein Gebot der eigenen Würde. Und auch der Umgang der Deutschen mit Deutschen –

um von Ausländern zu schweigen –: könnte er nicht, mindestens, etwas mehr Neugier gebrauchen? Etwas von jener Grazie, die mit historischer Dankbarkeit zu tun hat und bürgerlicher Phantasie: Dankbarkeit für die eigene Lage, Phantasie für die Lage des andern?

Ich hoffe, die Stimme Ricarda Huchs nicht mißbraucht zu haben. Daß politisch Lied *kein* garstig Lied sein muß, will sie, die generöse Mitbürgerin, am Beispiel meines Landes gelernt haben, und bestand darauf, an seiner Wiege sei ein anderes gesungen worden: ein schöner Akkord von Eigensinn und Welt. Als Schweizer fühle ich wohl, daß sie sich dabei an einer Maxime des gemeinsamen Patrons Gottfried Keller orientiert hat: »... man muß, wie man schwangeren Frauen etwa schöne Bildwerke vorhält, dem allezeit trächtigen Nationalgrundstock stets etwas Besseres zeigen, als er schon ist; dafür kann man ihn auch um so kecker tadeln, wo er es verdient.«

An mir pflegen meine Landsleute sonst eher den »kecken Tadel« zu bemerken. Sie hören nicht gern, daß Gemeindepolitik das Gegenteil sei von Kirchturmspolitik; daß der schweizerische Weg nach Europa keinen Schritt länger sei als der Weg der Schweiz zu sich selbst; daß wir die Gräben in unserem Land endlich einmal *erleben* müssen, statt sie erst zu leugnen – und dann davor zu erstarren. Besonders ungern hören die Deutschschweizer, daß sie wieder lernen müssen, deutsche Kulturbürger zu sein; denn das Hochdeutsche – die Sprache Gottfried Kellers und unserer Verfassung – ist nicht nur unsere »Vatersprache«. Es war auch die Sprache einer großen Frau, die keinen Schweizer Paß nötig hatte, um unsere Mitbürgerin zu sein.

Ricarda Huch hat Zürichdeutsch gesprochen und (was mehr sagen will) den Dialekt des Haslitals verstanden – *darum*, nicht trotzdem, ist sie eine deutsche Autorin, und eine europäische. Denn Europa ist kein Territorium, sondern eine *Haltung*. Europäisch ist: mit dem Ort, an dem man etwas tut, etwas zu schaffen haben wollen. Europäisch ist eine Sprache, die man mit denen teilen kann, zu denen man spricht. *Hic Rhodus, hic salta*: Bürger von Rhodus ist nicht der, der da geboren ist, sondern der da springt.

Und die Sprache der Kunst? Ricarda Huch war eine Schriftstellerin, dies ist ein literarischer Preis – ich sage nicht: *auch* ein literarischer, sonst wäre alles, was ich in ihrem Namen über das Kosmopolitische zu sagen suchte, nur Kosmetik gewesen. Hie Front, hie Elfenbeinturm – nein, an diesen Zwei Reichen hat sie nicht fortgeschrieben. Dafür hat ihr auch, unter welcher Obrigkeit immer, die Kunst nicht als Schlupfloch gedient. Die Kunst blieb der Weg, auf dem am unwiderruflichsten zutage tritt, daß Polis und Kosmos, das Wahrhaftige und das Schöne, zusammengehören. In der athenischen Polis war das Theater der Ort, wo die Bürger dem Undenkbaren, dem Unversöhnlichen, dem Unlösbaren ausgesetzt wurden. Dasselbe Mark, das die Tragödie hatte gefrieren lassen, erschütterte die Komödie ins Leben zurück. Bei den Göttern: *das* war Kunst. Sie erinnerte daran, daß sie von der Polis nicht abzuspalten war, sondern ihr den tiefsten möglichen Sinn gab: mit dem, was wir weder zu ertragen glauben noch vermeiden können, leben zu lernen.

Kellers Patriotismus schloß diese Dimension ein. Er

wußte, daß die geliebte Republik nicht bleiben würde und daß sie nicht sein mußte. Um so mehr *durfte* sie sein und verpflichtete sie diejenigen, die in ihr vereinigt waren, zu einem *ganzen* Leben.

Die Kunst lehrt uns mit unserem Schatten leben, dem Unfaßbaren in uns selbst, dem ganz Anderen mitten im Eigenen. Nicht nur mit Grenzen, sondern mit unserer Begrenztheit, und das heißt: mit dem Tod. Lebenskunst ist das Schwerste, und Kunst die Stimme, die uns sagt, daß es uns nie zu schwer sein darf. Dafür – nur dafür – scheint die Kunst *leicht*.

Meine Damen und Herren: im Zürcher Schanzenberg, wo Ricarda Huch gewohnt hat, bin ich ein paar Jahre zur Schule gegangen. Mit jedem Jahr seither habe ich weniger ausgelernt. Dennoch danke ich Ihnen, der Stadt Darmstadt und ihrer Jury, von Herzen für das voreilige Maturitätszeugnis. Die Reife dazu muß ich mir noch verdienen – auf Zürcher Art, die Ricarda Huch damals in Form eines Liedchens zugeflogen ist und das sie ohne falschen Ton wiedergibt:

»*O i wett i hett en Öpfel! Aber en suren Öpfel mues es si.*«

So müßte der Apfel im Paradies geschmeckt haben, wäre Adam ein reformierter Zürcher gewesen – aber der hätte sich wohl lieber gleich ans Ackern und Abverdienen gemacht.

Nachweise

Wenn Auschwitz in der Schweiz liegt: Zuerst erschienen in *Tages-Anzeiger*, Zürich, 24. 1. 1997.

Nachschrift I und Nachschrift II: Unveröffentlicht.

Echo der Zeit: Rundfunkbeitrag.

Von der Nationalität zur Bestialität: Dankrede zur Verleihung des Internationalen Vilenica Literaturpreises am 9. 9. 1995. Zuerst erschienen im Supplement *Weltwoche*, Zürich, September 1995.

Von der »intimen Tragik« der Schweiz: Zuerst gesendet in *Blick in die Zeit* vom 31. 1. 1993.

Im Namen einer Mitbürgerin: Dankrede für den Ricarda-Huch-Preis der Stadt Darmstadt am 3. 10. 1993.

Adolf Muschg
im Suhrkamp Verlag und im Insel Verlag

Albissers Grund. Roman. Leinen und st 334
Baiyun oder die Freundschaftsgesellschaft. Roman. st 902
Dreizehn Briefe Mijnheers. Vom Bildersehen und Stilleben. Mit einem Vorwort des Autors. BS 920
Empörung durch Landschaften. Vernünftige Drohreden. st 1482
Entfernte Bekannte. Erzählungen. Leinen und st 510
Fremdkörper. Erzählungen. st 964
Gegenzauber. Roman. st 665
Goethe als Emigrant. Auf der Suche nach dem Grünen bei einem alten Dichter. st 1287 und it 1700
Gottfried Keller. st 617
Herr, was fehlt Euch? Zusprüche und Nachreden aus dem Sprechzimmer des heiligen Grals. es 1900
Im Sommer des Hasen. Roman. st 263
Die Insel, die Kolumbus nicht gefunden hat. Sieben Gesichter Japans. Engl. Broschur
Leib und Leben. Erzählungen. Leinen, BS 880 und st 2153
Das Licht und der Schlüssel. Erziehungsroman eines Vampirs. Leinen und st 1560
Liebesgeschichten. Leinen, BS 727 und st 164
Literatur als Therapie? Ein Exkurs über das Heilsame und das Unheilbare. es 1065
Mitgespielt. Roman. st 1083
Noch ein Wunsch. Erzählung. Leinen, BS 1127 und st 735
Nur ausziehen wollte sie sich nicht. Die Blüte und ihr Schatten auf einem entfernten Gesicht. Bütten-Broschur
Der Rote Ritter. Eine Geschichte von Parzivâl. Leinen und st 2581
Die Schweiz am Ende. Am Ende die Schweiz. Erinnerungen an mein Land vor 1991. Kartoniert
Der Turmhahn und andere Liebesgeschichten. Leinen und st 1630
Ein ungetreuer Prokurist und andere Erzählungen. Großdruck. it 2326

Adolf Muschg
im Suhrkamp Verlag und im Insel Verlag

Vorworte, Nachworte

Johann Wolfgang Goethe: Der Mann von funfzig Jahren. Mit einem Nachwort von Adolf Muschg. it 850
- Wilhelm Meisters Wanderjahre oder die Entsagenden. Mit einem Nachwort von Adolf Muschg. Leinen, Leder und it 575

Goethe. Sein Leben in Bildern und Texten. Vorwort von Adolf Muschg. Herausgegeben von Christoph Michel. Gestaltet von Willy Fleckhaus. Leinen und it 1000

Zu Adolf Muschg

Adolf Muschg. Herausgegeben von Manfred Dierks. stm. st 2086